I0098366

PREMIER ANNIVERSAIRE

DE LA BATAILLE DE SEDAN.

DISCOURS

PRONONCÉ, LE 1er SEPTEMBRE 1871,

DANS L'ÉGLISE SAINT-CHARLES DE SEDAN,

par M. l'Abbé S. DUNAIME,

ARCHIPRÊTRE, CURÉ DE SEDAN.

SEDAN

IMPRIMERIE DE JULES LAROCHE

22, GRAND'RUE, 22.

LE 1ᵉʳ SEPTEMBRE 1871

A SEDAN.

BIBLIOTHÈQUE NATIONALE — N° 132 662 — IMPRIMÉS

———◦◦❈◦◦———

Sedan a célébré d'une manière très-digne l'anniversaire de
la bataille qui portera son nom dans l'histoire. Il y a eu,
comme toujours en pareil cas, service solennel dans la prin-
cipale église convertie en chapelle ardente, concours à l'office
du conseil municipal et de tous les fonctionnaires ; mais tout
cela a été rehaussé par un esprit de vertu trop rare de nos
jours. Une atmosphère de deuil enveloppait la cité. Les maisons étaient closes, les magasins fermés, les fabriques silen-
cieuses. Pas un cri dans les rues presque désertes. Les seuls
passants qu'on rencontrât, à la démarche grave, vêtus de noir,
s'acheminaient vers le sanctuaire où tant de souvenirs allaient
chercher l'espérance. Peu à peu la foule s'amassait vers le
centre de la ville. Tout mouvement convergeait vers l'église.
Il n'y avait qu'un sentiment peint sur tous les visages : Allons
prier !

Aussi quelle multitude dans ce temple trop étroit pour elle ;
quelle attention triste et recueillie aux prières et aux chants
de la liturgie ; quelle unanimité dans les cœurs qui s'élevaient
vers Dieu et qui s'abaissaient vers les morts ! La quête elle-
même, qui trouble quelquefois les fidèles, était devenue dévote,

et attestait une fois de plus l'unité de pensées et de désirs qui animait cette vaste assistance composée de tous les rangs. Avec quel empressement chacun tendait son offrande !

Il ne manquait plus qu'une voix à ce peuple généreux. M. l'archiprêtre Dunaime a paru dans la chaire et la lui a donnée. Le troupeau était suspendu aux lèvres de son pasteur, afin qu'il lui expliquât les instincts pieux qui oppressaient son âme. Nous ne savons qui a fait le discours, du prédicateur ou de l'auditoire, ou plutôt ils l'ont fait ensemble, tant il y avait de sympathie entre les deux. M. Dunaime avait pris pour texte le chant de David sur les montagnes de Gelboë, auxquelles il était si facile de comparer les collines de Bazeilles, Givonne, Lamoncelle, Fleigneux et Floing. Il a dû s'arrêter pour laisser un libre cours aux larmes, avant de reprendre la suite de son sermon et de le couronner par les plus hauts enseignements de la religion et de l'histoire.

L'organe de l'orateur avait trouvé des cordes sensibles à côté de sa vigueur ordinaire ; les aptitudes du polémiste avaient fléchi sous l'entraînement d'une situation cruellement pathétique, et cependant, il est resté partout maître de lui-même et maître de son sujet. On dit que de certaines appréhensions s'étaient fait jour quand on avait su qu'il prendrait la parole : comment traiter un sujet périlleux dans des circonstances plus périlleuses encore ? Car Sedan est toujours occupé par les Prussiens. On a dû comprendre bien vite que toute inquiétude était parfaitement superflue.

Les étrangers, il faut le dire, ont lutté avec nous d'esprit de convenance dans ce grand jour commémoratif de nos désastres. Ils n'étaient nulle part dans les carrefours et sur les places publiques. Le matin ils s'étaient réunis sans armes dans un site écarté pour écouter un service religieux de leurs ministres, tant la prière pour les morts se déguise aisément pour triompher des préjugés hérétiques ! Du reste, pas d'autres drapeaux que nos bannières noires appendues aux fenêtres, et pas une salve d'artillerie.

Dans l'après-midi, le peuple, vêtu de ses habits de deuil,

est sorti des remparts. Il s'est répandu sur l'aire de la bataille comme il aurait fait au 2 novembre. On voyait les groupes de promeneurs chercher les tertres qui soulèvent les plaines de la vallée ou qui se suspendent aux flancs des collines, et dans lesquels reposent des Français en attendant la résurrection. Chaque compagnie s'agenouillait d'abord et décorait ensuite les chères tombes de fleurs, de couronnes et de croix. Ah ! si la France avait toujours vécu comme a vécu Sedan le 1er septembre 1871, la France n'aurait jamais été vaincue ; car il ne manque à notre pays que la discipline chrétienne.

(Extrait de l'*Univers*, numéro du 4 Septembre 1871).

DISCOURS

PRONONCÉ, LE 1er SEPTEMBRE 1871,

Dans l'Église Saint-Charles de Sedan,

par M. l'Abbé S. DUNAIME,

Archiprêtre, Curé de Sedan.

———◦◦⚬◦◦———

Considera, Israel, in his qui mortui sunt super excelsa tua vulnerati.

Songe, ô Israel, à ceux qui ont été blessés et qui sont morts sur tes hauteurs.

(IIe Livre des Rois, Chap. 1er, Vers. XVIII).

———————

MES FRÈRES,

En Palestine, sur les hauteurs de Gelboé, les Juifs avaient livré aux Philistins une bataille malheureuse ; trois des fils de leur roi, et une notable partie de l'armée y avaient trouvé la mort, et Saül, blessé grièvement, se l'était donnée lui-même, en se jetant sur son épée.

A la nouvelle de ce lamentable désastre, David que la jalousie royale tenait à l'écart, mais que n'enflammait pas moins le patriotisme, le magnanime David frémit de douleur ; il déchira ses vêtements, ses compagnons firent de même, et tous ensemble ils pleurèrent et jeûnèrent jusqu'au soir.

Il y a un an, à pareil jour, c'était pour nous une circonstance analogue. Sous nos murs, presque sous nos yeux, il se donnait, sur des montagnes voisines, une déplorable bataille, où nos soldats succombaient en grand nombre. Au grondement du canon qui se rapprochait d'heure en heure, au sifflement des obus qui rasaient nos têtes et vomissaient la mort dans nos demeures et nos rues, à l'affluence des blessés qu'on nous rapportait à chaque instant du champ de carnage, nous augurions mal de l'événement ; nos espérances diminuaient, nos inquiétudes augmentaient, la vérité nous apparaissait enfin et nous plongeait dans la plus amère désolation : et si nous ne déchirâmes pas nos vêtements ; et si nous prîmes quelque nourriture, c'était pour nous garder sans défaillance à une tâche qui réclamait toute notre vigueur, tous nos efforts : l'assistance de nos blessés et de nos mourants.

Qu'étaient devenus en effet, tout à coup, nos édifices, nos maisons, notre église, la ville entière ? une vaste ambulance.... Et devant nous, ici même comme ailleurs — Ah ! c'est un tableau que nous n'oublierons jamais — que d'horribles blessures ! que de flots de sang répandu ! que d'affreuses mutilations ! que de plaintes navrantes ! que de cris déchirants !

Mais aussi, grâce à Dieu, grâce à vous, grâce à tant de charitables Samaritains, que de mains compatissantes ! quelle profusion de secours et d'adoucissements ! que de soins empressés et délicats ! quelle lutte ardente, généreuse, contre la douleur et le désespoir !

Et cependant le canon tonnait toujours, le fer et le feu pleuvaient partout, et l'on pouvait prévoir le moment prochain où la cité ne serait plus qu'un monceau de ruines, de cadavres et de cendres..... O divine Providence, merci, mille fois merci de nous avoir épargnés en ce jour de colère. *Misericordiæ Domini, quia non sumus consumpti (1).*

---

(1) *Lamentations de Jérémie*, Ch. III, Vers. XXII.

I.

Après avoir donné un libre cours à ses larmes, David composa un chant funèbre dont je citais tout à l'heure les premiers mots : *Considera, Israel, in his qui mortui sunt super excelsa tua vulnerati*. Eh bien ! ne puis-je pas dire de même : Considère, ô Sedan, ceux que la mort a frappés sur tes hauteurs : C'était une armée qu'une préparation hâtive et incomplète avait mal disciplinée et qui pourtant fourmillait de héros : ils avaient à combattre des troupes deux à trois fois plus nombreuses, des troupes compactes, solides, exaltées par les victoires précédentes, munies d'une artillerie supérieure et lançant à l'aise, sur eux, des torrents de projectiles, dont ils ne pouvaient voir, encore moins éteindre le foyer lointain. N'importe, ils ne tremblaient pas, « Plus agiles que l'aigle, plus vaillants que le lion (1) » ce qui leur manquait le moins, c'était le bouillant courage et le mépris de la mort.

Aussi bien ils comptaient dans leurs rangs de vieux guerriers qui, jusque là, n'avaient pas été vaincus. En Algérie, en Chine, en Crimée, au Mexique, en Italie, ils s'étaient battus cent fois, et cent fois leurs armes victorieuses s'étaient enivrées de sang et de gloire (2). Hélas! il n'a fallu qu'un jour pour voiler de deuil ce brillant passé et incliner ses lauriers au tombeau !........ *Considera, Israel, in his qui mortui sunt super excelsa tua vulnerati*.

---

(1) *Aquilis velociores, leonibus fortiores* (IIᵉ Livre des Rois, Chap. I, Vers. XXIII).

(2) *A sanguine interfectorum, ab adipe fortium sagitta Jonathæ nunquam rediit retrorsum, et gladius Saül non est reversus inanis* (Ibidem, Vers. XXII).

II.

Ajouterai-je, avec le prophète : « N'allez pas l'annoncer dans Geth, ne le publiez pas sur les places publiques d'Ascalon, de peur que les filles des Philistins ne tressaillent de joie ? (1) »

Non. La bataille de Sedan n'est pas une bataille ordinaire, il y en a eu de plus longues, de plus sanglantes ; mais de plus décisives, en connaissez-vous beaucoup ? On l'a appelée un second Waterloo. Elle est plus que cela, en ses suites immenses ; car elle a entraîné après elle trois capitulations inouïes, en comptant celles de Metz et de Paris dont elle est incontestablement la première cause indirecte.

Il est donc naturel qu'un coup si capital et d'une telle conséquence, retentisse joyeusement parmi ceux qui l'ont porté. N'en soyons point surpris ; ne nous en irritons pas : Calmes et dignes dans notre affliction, sachons dévorer en silence d'inévitables amertumes et rester tout entiers à ceux que nous pleurons.

Regrettables frères, pour qui sont-ils tombés ? que défendaient-ils ? Ils sont tombés pour nous, ils défendaient l'indépendance de la Patrie, l'inviolabilité du sol national, l'honneur du drapeau, la sécurité de nos villes, la sûreté de nos campagnes, la sérénité de nos foyers. C'est pour la sauvegarde de ces grands biens qu'ils ont versé leur sang, et quoique le succès ait fait défaut, ils ne nous en ont pas moins donné cette preuve d'incomparable dévouement dont le divin Maître a dit : « Personne ne peut avoir de plus grand amour que de donner sa vie pour ses amis. » (2)

---

(1) *Nolite annuntiare in Geth, neque annuntietis in compitis Ascalonis, ne forte lœtentur filiœ Philistiim (Ibidem, Vers. XX).*

(2) *Majorem hâc dilectionem nemo habet ut animam suam ponat pro amicis suis.* (Evangile selon Saint Jean, Chap. XV, Vers. XIII).

Mères de nos braves, quelque part que vous nous trouviez, nous vous saluons avec respect. A ce lugubre anniversaire, n'êtes-vous pas nécessairement avec nous en communion de sentiments et de larmes ? Pleurez, vénérables mères, « *Filiæ Israel..... flete* (1). » Pleurez sur ces chers enfants moissonnés par le fer, au printemps de leurs jours ; pleurez sur vous-mêmes qui avez le malheur de leur survivre ; mais en même temps, soyez fières de vos fils, et glorifiez-vous de leurs derniers instants : ils sont morts au champ d'honneur, ils sont morts pour la France. *Considera, Israel, in his qui mortui sunt super excelsa tua vulnerati.*

III.

D'ailleurs, pour avoir subi le trépas, sont-ils anéantis ? Nullement. La mitraille a pu broyer leur corps, mais elle n'a pas tué l'âme qui est immortelle. Ils le savaient bien, et en se sacrifiant, comme ils l'ont fait, ils s'animaient de la juste confiance de mériter d'autant mieux la récompense éternelle.

O généreux athlètes ! ô nobles victimes ! ô martyrs du devoir ! Plaise au Seigneur que vous soyez déjà tous au ciel, et que nous en ayons l'assurance ; car alors les rôles changeraient : bien loin de prier pour vous, nous vous conjurerions, au contraire, de prier pour nous et de nous bénir du haut de ces célestes demeures, où nous espérons vous revoir un jour. Ah ! Dieu me garde de mesurer ses pardons, ses bontés, ses complaisances même, pour ceux qui, au service de la patrie, s'empourprent de leur sang, et s'en font, pour leurs concitoyens et pour eux, un baptême d'expiation !

Mais comment oublierai-je ici qu'au lendemain d'un fameux combat, Judas Machabée ayant fait relever et inhumer reli-

---

(1) IIe Livre des Rois, Chap. I, Vers. XXIV.

gieusement les morts de sa troupe, cet illustre capitaine fit en
outre célébrer un service à Jérusalem pour la parfaite purifi-
cation de leurs âmes ! car, selon la remarque expresse de
l'auteur inspiré qui rapporte ce trait significatif, « C'est une
sainte et salutaire pensée de prier pour les morts, afin qu'ils
soient complétement dégagés des liens du péché (1). » Ce n'est
donc pas assez d'avoir recueilli la dépouille mortelle de nos
soldats ; ce n'est pas assez de leur avoir rendu les derniers
devoirs, d'une façon, hélas ! bien imparfaite, tant ils étaient
nombreux et tant nous étions empêchés ; ce n'est pas assez
d'honorer leur mémoire d'un deuil public et général et de
toute cette pompe funèbre qui nous entoure ; il nous faut
encore — c'est le devoir le plus sacré — payer à leur intention
le tribut de prières qui s'impose à notre foi, à notre recon-
naissance, à notre charité. *Considera, Israel, in his qui mortui
sunt super excelsa tua vulnerati.*

IV.

« Montagnes de Gelboé, s'écriait encore David, qu'il n'y ait
plus pour vous de rosée ni de pluie ; que vos champs ne soient
plus des champs de prémices, parce que c'est là que le bou-
clier des forts a été jeté par terre. *Montes Gelboe, nec ros nec
pluvia veniant super vos, nec sint agri primitiarum, quia ibi
abjectus est clypeus fortium* (2). »

Je dirai aussi, mais dans un autre sens, car je ne veux rien
maudire, pas même un grain de poussière, je dirai :

O infortuné Bazeilles ! ô montagnes de Lamoncelle, de Dai-
gny, de Givonne, d'Illy, de Floing, de Balan et de Pierremont !

---

(1) *Sancta ergo et salubris est cogitatio pro defunctis exorare, ut a peccatis sol-
vantur.* (Livre II, Mach., Chap. XII, Vers. XLVI).

(2) II° Livre des Rois, Chap. I, Vers. XXI.

qu'il ne vienne plus de *rosée* de sang humain abreuver vos sillons ! qu'il ne vienne plus de *pluie* de balles et d'obus bouleverser vos côteaux ! qu'il n'y ait plus de défaite pour vous transformer en *champs de prémices* si désastreuses !

Mais fertiles comme par le passé, soyez-le de plus, à l'avenir, en solennels enseignements. Instruisez ceux qui vous visiteront; éveillez en eux le souvenir des événements funestes dont vous avez été le théâtre : qu'ils apprennent, en vous contemplant, « comment succombe la valeur ; comment périssent les instruments de guerre (1) ; » comment finissent les armées et les empires, quand Dieu, délaissé le premier, délaisse à son tour ceux qui prétendaient gouverner sans lui, et qu'il leur retire ces lumières supérieures sans lesquelles, aveugles d'autant plus misérables qu'ils se croient d'habiles politiques, ils se précipitent, sans le savoir, dans les plus profonds abîmes.

Apprenez-leur encore, par le spectacle de vos tombes germaniques et françaises — de ces tombes pressées et mêlées que caressent les mêmes brises, que surmonte la même croix, que couronnent les mêmes ombrages — apprenez-leur combien il serait désirable que les hommes, déjà trop mortels d'eux-mêmes, vécussent en frères, au lieu de s'entr'égorger, et qu'il régnât enfin parmi les vivants la même paix que parmi les morts. *Considera, Israel, in his qui mortui sunt super excelsa tua vulnerati.*

Et maintenant, Seigneur, voyez notre abaissement, voyez notre affliction. La guerre avec l'étranger d'abord, et puis, pour comble de malheur, la guerre civile ont brisé nos forces.

Et nous voilà comme un peuple mutilé et abattu qui se relève à grande peine et ne sait retrouver son équilibre; aussi les autres peuples nous regardent, je ne leur ferai pas l'injure de

---

(1) *Quomodo ceciderunt robusti, et perierunt arma bellica (Ibidem,* Vers. XXVII.

dire, comme un objet de dérision, mais sans doute comme un objet de pitié.

Levez-vous donc, Seigneur, secourez-nous ! sauvez-nous ! *Exurge, Domine, adjuva nos et redime nos* (1).

Ah vous vous souveniez si bien de vos grands serviteurs Abraham, Isaac et Jacob, qu'à cause d'eux, leur descendance, quoique dégénérée, trouvait grâce devant vous ; souvenez-vous de même de nos pères avec qui vous avez contracté aussi une alliance si particulière, qu'ils pouvaient se dire, et qu'ils étaient, en effet, les glorieux instruments de vos volontés au département de ce monde : *Gesta Dei per Francos.*

Souvenez-vous de nos frères, tombés par milliers à Reischoffen, à Gravelotte, à Sedan et sur tant d'autres champs de bataille.

Souvenez-vous enfin de ces saintes et pacifiques victimes, qu'une fureur plus que sauvage vient d'immoler à Paris, et qui, en union intime avec le Rédempteur des hommes, ne demandaient qu'une chose : c'est que l'effusion de leur sang achevât pour nous tous le sacrifice expiatoire, et nous rouvrît la source de vos miséricordes.

O Dieu « qui avez fait les nations guérissables (2), » rendez à la France, ses vertus, son énergie, sa force et sa gloire d'autrefois ; « convertissez notre deuil en allégresse (3), » et qu'aux gémissements du *Dies iræ*, nous puissions bientôt faire succéder le chant triomphal du *Te Deum.*

Amen ! Amen !

Ainsi soit-il !

(1) Psaume XLIII, Vers. XXVI.
(2) Livre de la Sagesse, Chap. I, Vers. XIV.
(3) Livre d'Esther, Chap. XIII, Vers. XVII.